四季を味わう

私の「木の実」料理

横山タカ子

ようこそ、奥深き「木の実」の世界へ。

信州の山あいに生まれた私にとって、子どものころのおやつといえば、山野でもぎとる木の実でした。

庭や学校の行き帰り、ときには森の向こうへと分け入って、四季折々の恵みをみつける時間はまるで、宝探しのよう。木の上に陣取って、両手いっぱい口いっぱいに頬張れば、どんなお菓子も敵わない幸せの味がしたものでした。

思春期から二十代にかけては、見知らぬ外の世界のものにも目が向きましたが、三十歳を過ぎたころからは再び、味覚も文化もさまざまな関心が自らの原点へと還ってゆくようになりました。そこから私は本を探し集め、図鑑と首っ引きでもう一度、足元に広がる豊かな「木の実」の世界に出逢い直したのです。

母から受け継いだ梅漬けや山椒漬け、焼き栗などに加えて、私は田植えグミやあけび、またたびなど、決して青果店には並ばない自然のなかの木の実への思いも深く、瓶の中に季節を留めてもっと多様に味わいたいと考えました。それらの多くは古くから、健やかな日々を支える薬酒として用いられてきたことにも、この学びと実践のなかで思いがけず気づかされました。

さらに、果物王国である信州各地では、りんごにぶどう、さくらんぼなどの果実も豊富に実ります。それらをまず、生で味わったあと、どのように保存し、料理し、無駄なく楽しみ尽くすことができるか、自らの手と舌を使って一年ごとに試作を重ねていったのです。

本書では、いちごやハスの実も「実」として仲間に加え、私の四十余年の研究のなかで生まれた木の実料理をみなさまにご紹介いたします。最初は複雑な工程でつくっていたものも、歳月を重ねるなかで無駄が削ぎ落とされ、どなたにでも取り組んでいただけるようなシンプルなレシピに至りました。長期保存のための瓶の脱気も、特別な道具は不要です。

日本の豊かな山野と、その恵みに感謝の気持ちを込めて。奥深き「木の実」の世界を存分にお楽しみいただけたら幸いです。

さあ、「木の実」をいただきましょう。

たとえば一度でも梅酒や梅シロップづくりに取り組んだことのある人なら、きっと大丈夫。

木の実の保存や展開料理は、思っているよりずっと簡単です。

つくる楽しさも、味わう喜びも格別な、「木の実」料理を楽しみましょう。


つくる楽しさ…………………………

◎焼酎漬けで、季節をガラス瓶に留めて。

最も失敗知らずの保存法といえば、やっぱり「焼酎漬け」。

砂糖を加えずに、甘味は味をみてあとから加えるのもおすすめです。

時間とともに、色も味わいも深まって、思いがけない変化を楽しめます。

◎シロップを注ぐだけで、瓶詰めの完成。

いわゆる「水煮」、かつては果実もじっくり煮ていましたが、
年々レシピはシンプルに。
さくらんぼならそのまま、びわなどは湯むきをして、
上からシロップを注ぎ、あとはふたをして脱気するだけででき上がりです。

◎山椒もきんかんもアク抜き不要。

かつては何度もゆでこぼし、アクを抜いていた山椒やきんかん。
「もっと手間を省いて、簡単に」とあれこれ試してみると、
アク抜きなしでできました。
私はここでご紹介しているシンプルレシピで、もう何年もおいしくいただいています。

味わう喜び…………………………

●あきらめる前に、火を入れて。

熟度の見極めが難しい洋梨や、日をおいて味がボケてしまったりんご。
「これは残念……」とあきらめる前に、加熱をしてみましょう。
意外なおいしさが引き出せます。

●「漬けたからこそ」の展開もお楽しみ。

果実酒はソーダや水、牛乳と割ってカクテルに。
シロップ漬けやジャム、ソースはアイスに添えたり、寒天寄せにしたり。
漬けておいたからこそ楽しめる、木の実のおいしさがあります。

●〝木の実味〟の調味料は、格別のおいしさ。

とくに山椒は、漬けた実よりも味が移った調味料がお楽しみ。
お店でもなかなか買えないような、あなただけの一品ができ上がります。
お刺身に冷奴、チャーハンの隠し味にもどうぞ。

●山野の木の実のパワーをいただく。

またたびやサンシュユ、あけびにざくろなど、
古くから薬酒として用いられてきた木の実レシピも、本書ではご紹介しています。
日々の養生にも役立ってくれるかもしれません。

目次

春・夏

秋

冬

本書で表記した1カップは200㎖、大さじ1は15㎖、小さじ1は5㎖です。

材料表で油と記載してあるものは主に菜種油を使用していますが、お手元にある材料で代用していただいて結構です。

レシピ内の火加減はとくに表記のない場合は中火です。

自然界の木の実には毒性のあるものも存在します。見知らぬものは口にせず、必ず専門家の指導を仰ぎましょう。

木の実カレンダー

4月 5月 6月 7月 8月 9月 10月 11月 12月 1月 2月 3月

いちご
びわ
田植えグミ
梅
桑の実
さくらんぼ
山椒
いちじく
グズベリー
あんず
ブルーベリー
またたび
プルーン
かぼす
ぶどう
りんご
ガーデンハックルベリー
ハスの実
洋梨
栗／かやの実
あけび／むべ
くるみ
なつめ
かりん
ぎんなん
ざくろ
キウイフルーツ
レモン
ゆず
柿
サンシュユ
きんかん

4月 5月 6月 7月 8月 9月 10月 11月 12月 1月 2月 3月

※このカレンダーは信州の露地栽培を基準に、おおまかな収穫時期の目安を記したものです。

春・夏

あんず
梅
田植えグミ
グズベリー
さくらんぼ
ブルーベリー
桑の実

山椒
またたび
びわ
プルーン
いちじく
いちご

りんごにあんず、梨にさくらんぼ。
木の実の花が咲いたら、
信州の春到来。
そして初夏には、大町の庭で
木に登ってあんずをもいだ
幼き日を、いまも思い出します。
あんずを生でいただけるのは、
ほんのわずかな期間。
漬けて、煮込んで、
長くおいしくいただきます。

あんず

杏：バラ科。中国東部原産。信州では4月中旬ごろから花をつけ、収穫は6月下旬から。
梅との交配により生まれたものもある。

あんずのシンプル漬け
つくり方は次ページに

あんずのシンプル漬け

**シンプルな材料で漬け込んでおけば、
採れたての味と
心地よい食感をずっと楽しめます。**

材料(つくりやすい分量)

あんず …… 2kg
塩 …… 60g
酢 …… 200mℓ
砂糖 …… 250g

つくり方

1 あんずは洗って水けをふき取り大きめの鉢に広げ、すぐに塩をまぶして全体になじませる。

2 1を覆うくらいの皿をかぶせて重量の2倍の重さの重しをし、ひと晩おく。

3 しっとりと汗をかいた状態のあんずを手で割って種を取り、水けをきる。

4 3の実と種の上から酢をかけ回して全体になじませたら2の重しをし、半日から1日おく。

5 4の水けをきり、砂糖を全体にふる。同様の重しをし、ときどき上下を返しながら2日ほどおくと水が上がってくる。

6 清潔な保存瓶に5の実を先に入れてから種を入れ、冷蔵庫で保存する。

◘食べごろ　3日後から
◘保存期間　冷蔵庫で約1年

1

2

あんずのコンポート

私のコンポートはこのレシピが基本。
脱気すれば長く日持ちします。

材料(つくりやすい分量)

あんず …… 600g

◆シロップ

水 …… 400mℓ

砂糖 …… 160g

つくり方

1　シロップをつくる。鍋に水と砂糖を入れ、火にかけて砂糖を煮溶かし、冷ます。

2　あんずは洗って水けをよくふき取り、手で二つ割りにして実と種に分け、ともに清潔な保存瓶に入れる。

3　1を2の瓶の肩まで注ぎ、ふたをして脱気する(P.48参照)。

◘ 食べごろ　1カ月後から

◘ 保存期間　脱気して冷暗所で約1年

あんずジャム

鮮やかなあんず色を残すため、一気に煮上げて。
瓶にも種を入れておくと、風味豊かになります。

材料(つくりやすい分量)

あんず …… 1kg

砂糖 …… 600g

つくり方

1　あんずは洗って水けをよくふき取り、手で二つ割りにし、種とともに鍋に入れる。上から砂糖をまぶし、しばらくおく。

2　砂糖が溶け、水が出てきたら強めの中火にかけ、途中アクをすくいながら一気に煮あげる。やわらかくなったら、煮詰まりすぎないうちに火を止め、少量の種とともに清潔な保存瓶に詰めて脱気する(P.48参照)。

◘ 保存期間　脱気して冷暗所で約半年

梅

バラ科。疲労回復に役立つクエン酸を含むほか、殺菌力や腐敗防止などの作用から「梅は三毒を断つ」とのことわざも。

小梅の7%漬け

小梅だからできる、塩分控えめの塩漬け。
青梅ならカリカリの食感が楽しめます。

材料

小梅 …… 1.5kg
塩 …… 100g

つくり方

小梅は洗ってへたを取り、水けをよくふいたら容器に入れ、上から塩をふりかけてしっかりともむ。塩が溶けるくらい全体になじんだら、上から重しをして冷蔵庫に入れておく。

- 食べごろ　3日後から
- 保存期間　約1年

梅のスパイス酢

スパイス好きにはたまらない、くせになるドリンク。
冷やして炭酸割りもおすすめです。

材料（つくりやすい分量）

梅 …… 2.5kg
酢 …… 1.8ℓ
きび砂糖 …… 1.5kg
クローブ …… 小さじ3
シナモンスティック …… 3本

つくり方

梅はよく洗ってへたを取り、清潔な容器にきび砂糖と交互になるように入れて上から酢を注ぐ。クローブ、シナモンスティックを加えて漬け込む。

- 飲みごろ　1カ月後から
- 保存期間　冷蔵庫で約1年

田植えグミ

田植え茱萸：スイカズラ科。「田植えグミ」は信州地方の呼称で、「ウグイスカグラ」のこと。熟した実に独特の甘みがある。

田植えグミのみりん煮

甘味づけはみりんのみ。
懐かしい「グミの実」の風味を感じる飲み物です。

材料（つくりやすい分量）

田植えグミ …… 200g
みりん …… 100mℓ

つくり方

田植えグミは洗って鍋に入れ、みりんを注ぎ、中火でさっと煮てでき上がり。

◎保存期間　冷蔵庫で3カ月

グズベリー

酸塊《すぐり》：ユキノシタ科。未熟なものは酸味とともにシャキッとした食感があり、熟せば甘く果肉もやわらかに。

グズベリーの塩漬け

**目が覚めるような酸味が、塩漬けでぐっとおいしく。
シャキシャキの食感も楽しめます。**

材料（つくりやすい分量）
グズベリー …… 500g
塩 …… 10g

つくり方
洗って水けをふき取ったグズベリーに塩をふりかけて全体になじませ、上から重しをしてひと晩おく。翌日から3日間で食べ切る。

◎食べごろ　翌日から
◎保存期間　3日間

重しは実がつぶれない程度の軽いものを選びましょう

さくらんぼ

桜桃：バラ科。日本で果実を食べるのは
イラン北部からヨーロッパ山岳地が原産の「西洋実桜（セイヨウミザクラ）」の仲間がほとんど。

かつては身の回りに
なかったさくらんぼ。
栽培の技術が進み、
また気候も変わったのでしょう、
気づけば信州でも、
ずいぶん身近な存在になりました。
木の実の愛らしさそのもののような、
赤い果実に、細い軸。
本来のやさしい色と味を、
瓶詰めにしてみませんか。

さくらんぼのコンポート

その愛らしさをまるごと瓶詰め。デザートの飾りにも役立ちます。

材料（つくりやすい分量）

さくらんぼ …… 70g
◆シロップ
　水 …… 80mℓ
　砂糖 …… 小さじ2

つくり方

1 シロップをつくる。鍋に水と砂糖を入れ、火にかけて砂糖を煮溶かし、冷ましておく。

2 さくらんぼは洗って水けをきり、清潔な瓶に入れる。

3 2に1を注いでふたをし、脱気（P.48参照）してでき上がり。

◎食べごろ　1カ月後から
◎保存期間　冷暗所で約1年

ブルーベリー

藍苺《らんめい》：ツツジ科。アントシアニンや食物繊維が豊富。かつては輸入品が中心だったが、栽培のしやすさと人気の高まりから日本でも盛んに栽培されるように。

日本でも、すっかりおなじみの
木の実となったブルーベリー。
小粒の酸っぱい実、
というイメージだったけれど
いつのまにか大粒のものが出たり、
うんと甘くなったり。
姿も味も、ずいぶん多様になりました。
木の実の多くは生食がいちばん、
と思う私ですが、
ブルーベリーはひと工夫していただくのが好み。
とくに甘酒との相性は抜群と思っています。

ブルーベリーの甘酒しるこ

白玉を入れずに飲んでもおいしい。
ブルーベリーは冷凍のものでもOKです。

材料（3人分）

ブルーベリー …… 100g
甘酒※ …… 100g
◆白玉だんご
　白玉粉 …… 40g
　甘酒※ …… 大さじ3

つくり方

1　白玉だんごをつくる。白玉粉は甘酒と混ぜ合わせて練り、9等分にしてだんごをつくってゆで、水にとっておく。
2　ブルーベリーと甘酒をブレンダーで混ぜ合わせて器に盛り、1の白玉だんごを3個ずつ入れる。

※甘酒

材料とつくり方（つくりやすい分量）

炊飯器に生糀300gと水500mℓを入れ、2時間保温すればでき上がり。冷蔵庫で1週間ほど保存可能。

あずきとブルーベリーの葛粉汁

ブルーベリーとあずきの意外な出逢い。
ベトナムの甘味「チェー」のような楽しさです。

材料（3人分）
ブルーベリー …… 80g
ゆであずき …… 80g
あずきのゆで汁（なければ水）
…… 200mℓ
はちみつ …… 大さじ2
葛粉 …… 大さじ1
水 …… 大さじ1

つくり方
1 ブルーベリーとゆであずき、あずきのゆで汁を鍋に入れて火にかける。
2 沸騰したら火を弱め、はちみつを加えてスプーンで全体を混ぜ合わせる。
3 小皿に葛粉と水を混ぜ合わせておき、火を止めた2に回し入れる。再度火にかけてかき混ぜ、とろみがついたらでき上がり。

ブルーベリークランブル

混ぜたらオーブンにおまかせ。
バターがリッチに香るデザートです。

材料（3人分）
ブルーベリー …… 80g
ラムレーズン※ …… 大さじ2
バター …… 大さじ4
砂糖 …… 大さじ4
ソルガム粉（なければ薄力粉）
…… 150g

※ラムレーズンのつくり方はP.79「ドライフルーツのラム酒漬け」を参照

つくり方
1 冷やしたバターは1cm角程度に切ってボウルに入れ、砂糖、ソルガム粉と手ですり合わせてボロボロの状態にする。
2 洗って水けをきったブルーベリーとラムレーズンを加えて軽く混ぜ、耐熱皿に入れて、200℃に予熱をしたオーブンで15分ほど焼く。全体がクツクツと焼けたらでき上がり。

桑の実

クワ科。日本で見られるのは蚕を養うために中国から渡来したトウグワのほか、自生するヤマグワ、シマグワなど。果実は未熟なうちは赤く、熟すほどに紫黒色に。洋名はマルベリー。

赤い実は、まだまだ未熟。
深い紫色が食べごろのサインの
桑の実は懐かしくておいしい、
大切な木の実です。
わが家の庭にも
もとから自生しており、
梅雨どきには毎食、
片手ほどの実を食前に。
それだけでは寂しいから、
小さな焼酎漬けで、
季節をひととき留めます。

桑の実の焼酎漬け

鮮やかな赤色が美しい果実酒。
飲む際にはちみつで少し、甘みを加えても。

材料(つくりやすい分量)

桑の実 …… 50g

焼酎 …… 150mℓ

つくり方

桑の実を洗って水けをよくふき取り、清潔な容器に入れて焼酎を注ぐ。

- 飲みごろ　1カ月後から
- 保存期間　約1年

山椒

ミカン科。高さ3メートルにも達する雌雄異株の落葉低木。
4月〜5月に枝の先の円錐花序に小さな花をつけ、その後小さな果実を実らせる。

実や葉は漬けて楽しみ、木はすりこ木に。
まるごと役立つ山椒とは、なんといとおしい存在でしょう。
さまざまな調味料と組み合わせて仕込めば、
煮物やソテー、刺身にもおいしい、和のスパイス調味料のでき上がり。
私が長年つくりつづけてたどりついた、
アク抜きなしのシンプルレシピをご紹介します。

写真左奥から時計回りに、みりん漬け、しょうゆ漬け、オイル漬け、佃煮、粕漬け
つくり方は次ページから

山椒のしょうゆ漬け

**いつものしょうゆが驚きの調味料に。
冷奴や焼き魚、肉じゃがにも気分で使っています。**

材料（つくりやすい分量）

山椒 …… 200g
しょうゆ …… 250mℓ

つくり方

洗って水けをふき取った山椒を清潔な容器に入れ、しょうゆを注ぐ。

- 食べごろ　1カ月後から
- 保存期間　冷蔵庫で約半年

山椒のみりん漬け

**「これはなに？」と思わず聞きたくなるような、
トロピカルな風味の甘露ができ上がります。**

材料（つくりやすい分量）

山椒 …… 250g
みりん …… 350mℓ

つくり方

1 鍋にみりんを入れて火にかけ、一度、沸騰させたのち、冷ましておく。
2 よく洗った山椒は水けをふき取り、清潔な保存瓶に入れて1を注ぐ。

- 飲みごろ　1カ月後から
- 保存期間　冷蔵庫で約半年

山椒のはちみつ焼酎

山椒の、意外な一面が引き出せるレシピ。
辛さはなく、独特の芳香にはちみつがよく合います。

材料(つくりやすい分量)

山椒 …… 700g
焼酎 …… 1.2ℓ
はちみつ …… 200g

つくり方

1 山椒はよく洗って水けをふき取り、清潔な保存瓶に入れる。

2 焼酎を注ぎ、はちみつを入れて静かにゆすり、全体になじませる。しばらくの間、1日1回ほど瓶をゆすってはちみつを溶かす。

●飲みごろ　3カ月後から
●保存期間　約1年

山椒のオイル漬け

豊かな香りがしっかりとオイルに移ります。
カルパッチョにかけるほか、パスタにも◎。

材料(つくりやすい分量)

山椒 …… 150g
好みの油 …… 120mℓ

つくり方

洗って水けをふき取った山椒を清潔な容器に入れ、上から好みの油を注ぐ。

●食べごろ　1カ月後から
●保存期間　冷蔵庫で約半年

山椒の粕漬け

**お酒のアテにもうれしい一品。
酒粕で香りも辛さも引き立ちます。**

材料（つくりやすい分量）

山椒 …… 大さじ3
酒粕 …… 200g
砂糖 …… 大さじ1

つくり方

1 山椒の実は洗って水けをよくきる。
2 ボウルに酒粕と砂糖入れて練り混ぜ、1を加えて全体に混ぜ合わせたら清潔な容器に移して冷蔵庫で保存する。

- 食べごろ　1カ月後から
- 保存期間　冷蔵庫で約1年

山椒のつくだ煮

**熱々ごはんのおともに。
豆腐にのせれば、小鉢が華やぎます。**

材料（つくりやすい分量）

山椒 …… 100g
みりん …… 大さじ1
しょうゆ …… 大さじ1
砂糖 …… 大さじ2

つくり方

1 洗った山椒を鍋に入れ、ひたひたの水（分量外）で2分程度煮る。
2 みりん、しょうゆ、砂糖を加え水分がなくなるまで煮詰めたらでき上がり。

- 保存期間　冷蔵庫で1週間程度

酒粕の床に漬けた山椒。私は笹の葉でふたをしています

山椒の味噌漬け

そのままいただくほか、風味を添える調味料として炒めものやあえもの、混ぜごはんにもどうぞ。

材料（つくりやすい分量）
山椒 …… 100g
味噌 …… 300g
煮干し …… 20g

つくり方
洗った山椒の水けをきり、味噌と煮干しを入れて清潔な瓶に詰める。

- 食べごろ　1カ月後から
- 保存期間　冷蔵庫で約1年

山椒の塩漬け

酸味が出てきたぬか漬けに加えると勢いが復活。たけのこ煮の風味付けにも役立ちます。

材料（つくりやすい分量）
山椒の実と葉 …… 400g
塩 …… 80g

つくり方
洗った山椒の実と葉を鉢に入れて塩をまぶし、重量の2倍の重さの重しをする。1カ月ほど漬けたら容器に移して使用する。

- 使いどき　1カ月後から
- 保存期間　約半年

天然の強壮剤として知られるまたたび。
猫だけでなく人間も、
口にすれば「また旅ができる」ほど
元気が出ることから
名付けられたと聞きました。
果実はどんぐりのような形状と
「虫こぶ」と呼ばれるだんご状のものがあり、
どちらも楽しんで活用します。

またたび

木天蓼《もくてんりょう》：マタタビ科。若葉を山菜として食べるだけでなく、実も食用や薬用に利用できる。鎮痛や疲労回復に役立つとして古くから用いられてきた。別名ナツウメ。

写真右下がまたたびの塩漬け、中央がまたたびの焼酎漬け
つくり方は次ページから

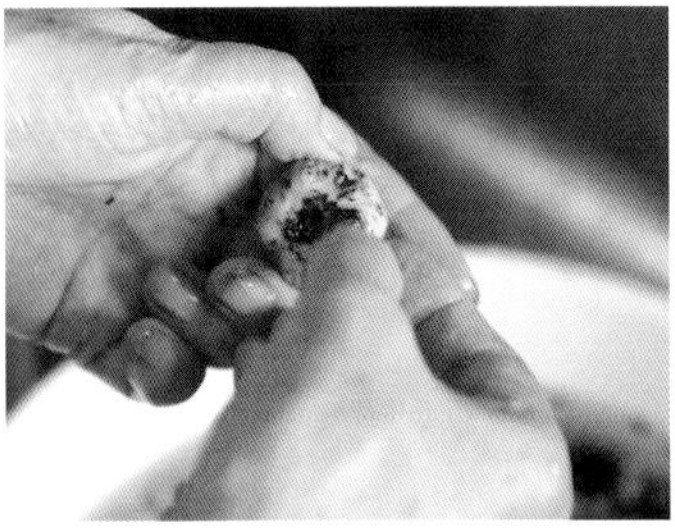

またたび酒

漬けることで独特の芳香が引き立ちます。
元気を出したいときの食前酒などに。

材料（つくりやすい分量）
またたびの実 …… 350g
またたびの虫こぶ …… 900g
きび砂糖 …… 500g
焼酎 …… 1.8ℓ

下処理
またたびの実と虫こぶは茶色いへたを取りながらよく洗い、ふきんでしっかりと水けをふき取る。

つくり方
1 清潔な保存瓶に下処理をしたまたたびを入れる。
2 1に砂糖を加え、焼酎を注いでふたをする。

◎飲みごろ 3カ月後から
◎保存期間 約1年

またたびの塩漬け

カリッとした食感の珍味に。
オリーブ感覚でおつまみにどうぞ。

材料(つくりやすい分量)
またたび(好みのかたちのもの)…… 50g
塩 …… 20g

つくり方
清潔な保存瓶に、よく洗って水けをふき取ったまたたびと塩を交互に入れて漬ける。食べごろになったら薄くスライスしていただく。

- 食べごろ　3カ月後から
- 保存期間　約1年

びわ

枇杷：バラ科。中国の中南部が原産とされる。
晩秋から初冬に開花し、収穫期は5〜6月ごろ。

びわのコンポート

びわの形をそのまま生かすコンポート。
少しねかせて、シロップごと寒天寄せにしても。

材料(つくりやすい分量)

びわ …… 300g

◆シロップ

水 …… 200mℓ

砂糖 …… 大さじ2

つくり方

1 シロップをつくる。鍋に水と砂糖を入れ、火にかけて砂糖を煮溶かし、冷ましておく。

2 びわは洗ってまるごと鍋に入れ、ひたひたの水（分量外）で軽く煮て皮をむく。

3 2を鍋から取り出し水けをきったら清潔な保存瓶に入れ、シロップを注いで脱気（P.48参照）する。

◎食べごろ　1カ月後から

◎保存期間　脱気して冷暗所で約1年

プルーン

西洋李：バラ科。干したものがよく知られるが近年は生食も人気。収穫は7月中旬ごろから。

プルーンのはちみつ入り酢漬け

キュッとおちょこ一杯いただけば、元気がわいてくるサワードリンクです。

材料（つくりやすい分量）

プルーン……3個
酢……600mℓ
はちみつ……大さじ3

つくり方

洗ったプルーンは清潔な容器に入れ、酢とはちみつを注いでふたをし漬けておく。

◘飲みごろ　1カ月後から
◘保存期間　冷暗所で約半年

プルーンのみりん漬け

ぶどうジュースのような濃厚な味と香り。果肉もコンポートのようにいただけます。

材料（つくりやすい分量）

プルーン……3個
みりん……500mℓ

つくり方

1 鍋にみりんを入れ、ひと煮立ちさせる。
2 プルーンは洗って輪切りにし、1と一緒に清潔な容器に入れ、漬けておく。

◘食べごろ　10日後から
◘保存期間　冷蔵庫で約半年

いちじく

無花果：クワ科。多数の白い小花が密生した花托が肥大して果実となる。
外部からは花が見えることなく果実が発育するため、「無花果」の字があてられた。

酸味の少ない木の実には、
少し塩けや風味を足していただくのが、私の好み。
いちじくはそんな存在の代表格です。
調理法も、あえたり、漬けたり、焼いたりと、
アレンジのしがいがあるのが魅力。
ここではとくに
お気に入りのレシピをご紹介します。

いちじくの甘酒がけ

手づくり甘酒に、いちじくの風味がふわり。
漬け込めばさらに全体に味がなじみます。

材料（2人分）
いちじく …… 4個
甘酒※ …… 好みの分量

つくり方
いちじくは洗って皮を湯むきし、食べやすい大きさに切る。器に盛り、甘酒をかけていただく。保存容器で2時間ほど漬け込んでもおいしい。

※甘酒のつくり方はP.20を参照

いちじくの味噌漬け

果実の濃い甘さと、味噌の塩味がマッチ。
お茶うけやおつまみ、焼いて肉料理の添えものにも。

材料(つくりやすい分量)
いちじく …… 5個
味噌 …… 200g

つくり方
1 清潔な容器にガーゼを敷き、洗って湯むきしたいちじくを詰める。
2 1の上にガーゼをかぶせ、上から味噌を入れてふたをする。

- 食べごろ　翌日から
- 保存期間　冷蔵庫で3日間

いちじくのラム酒フランベ

豊かな香りが鼻を抜ける大人のデザート。
バニラアイスを添えれば、さらにぜいたくな一品に。

材料(つくりやすい分量)

いちじく …… 3個
バター …… 10g
砂糖 …… 大さじ1
ラム酒 …… 大さじ2

つくり方

1 フライパンを熱し、バターを入れて溶かす。

2 1に半分に切ったいちじくを並べて中火にかける。ときどき箸で返して両面に火を入れる。

3 2がやわらかくなってきたら強めの中火にし、砂糖とラム酒をふりかけ、からめながら煮詰める。

砂糖とラム酒を入れたあとはこげ付きやすいので、手早く仕上げましょう

いちご

苺：バラ科。江戸時代、オランダ人により長崎に持ち込まれたとされる。
露地栽培では5〜6月が収穫期だが、その人気から現在は一年を通じて栽培・収穫されている。

木の実、ではありませんが、
私にとっていちごは外せない存在です。
目の前が明るくなるような紅色を生かして
デザートはもちろんのこと、
食卓の一品にも加えてみませんか。

寒天ゼリーの いちごソースがけ

切って混ぜるだけの、手軽なフルーツソース。
ヨーグルトや白玉、アイスクリームにもどうぞ。

いちごソースは瓶に詰めて脱気すると、
半年ほどおいしくいただけます

材料（つくりやすい分量）

◆いちごソース
いちご …… 150g
はちみつ …… 大さじ1
◆寒天ゼリー
水 …… 300mℓ
寒天 …… 3g

つくり方

1 寒天ゼリーをつくる。鍋に水と寒天を入れて煮溶かし、バットなどに入れて冷やし固める。
2 いちごソースをつくる。いちごはへたを取り、ブレンダーにかけてはちみつを加え、なめらかなソース状にする。
3 1を角切りにして容器に盛り付け、2をかけてでき上がり。

いちごの豆乳ヨーグルトあえ

いちごと豆乳ヨーグルト、
ふたつの酸味をはちみつが上手にまとめてくれます。

材料(1人分)

いちご …… 2個
豆乳ヨーグルト …… 50g
はちみつ …… 大さじ1

つくり方

1 豆乳ヨーグルトはガーゼで包み30分ほど水切りをする。
2 1にはちみつを混ぜ、乱切りにしたいちごとあえればでき上がり。

いちごのバルサミコサラダ

バルサミコ酢の甘酸っぱさは
いちごの甘酸っぱさとよく合います。

材料(2人分)
いちご …… 5個
サラダセロリ …… 1束
バルサミコ酢 …… 大さじ1
塩・粗挽きこしょう …… 各適量

つくり方
1 いちごは洗って水けをふき取り2〜3等分する。サラダセロリは洗って水けをきり、食べやすい大きさにカットする。
2 1のいちごとサラダセロリをボウルに入れ、上からバルサミコ酢をふり入れて大きく手で混ぜる。皿に盛り、好みで塩と粗挽きこしょうをふる。

◎瓶詰めを長くおいしく保つ

煮沸消毒と脱気について

**瓶詰めの長期保存に欠かせない、煮沸消毒と脱気の工程。
浅い鍋やトング、小さなミトンなど、
使いやすい道具を用意すれば、初めてでも失敗知らずです。**

用意するもの

- 保存瓶・ふた
- 口広の鍋
- さらし(鍋用)
- ふきん(取り上げ用)
- トング・おたま
- ミトン

方法

1 口広の鍋の底にさらしを敷き、瓶とふたを入れて水を張る。使用するトングやおたまなどの道具も一緒に入れ、火にかける。水の量は鍋の六分目を目安に。

2 沸騰から15分ほど煮沸したら乾いたふきんの上にトングで瓶などを取り出し、乾かす。

3 煮沸消毒をした2の瓶に煮たジャムを熱いうちに八分目まで詰めたら、ふたを閉めずに軽くのせておく。冷たいものを入れる場合は、瓶が冷めてから行い、割れを防ぐ。

4 再び1の鍋底にさらしを敷いて3の瓶を並べ、水を瓶の肩まで注いで火にかける。

5 沸騰から5分ほどで火を止め、すぐにふたを閉めたら、ふきんの上に瓶を逆さに置いて冷まして脱気する。

保存瓶のふたがへこんだら、脱気成功のあかし

瓶が熱いので、仕上げのふた閉めはミトンなどを使って

秋

ぶどう
ざくろ
ガーデンハックルベリー
あけび
かりん
栗

ぎんなん
柿
洋梨
キウイフルーツ
かやの実

ぶどう

葡萄：ブドウ科。世界で最も広範囲に栽培されるつる性の果樹。その歴史は5000年以上とされる。
皮の色によって黒系、赤系、黄緑色系の3種に分けられることも。

秋の訪れを感じる木の実のひとつ、ぶどう。
房に連なる実も、紅葉する葉も美しく、まずはその姿を目で味わいます。
生食がもちろんよいけれど、
煮たり、漬けたりすれば、ワインのように味わいが凝縮。
ぽたぽた煮は、寒天で固めれば、
おしゃれなおもてなしのデザートになりまよす。

巨峰のぽたぽた煮

どっさり届いた巨峰を前に生まれた、季節の定番レシピ。
香りも甘味も含んだ汁は、煮るからこそのお楽しみです。

材料(つくりやすい分量)
巨峰※ …… 400g
水 …… 400mℓ

※ぶどうはすべて種ありを使用しています

つくり方
巨峰は軽く洗い、皮ごと水と一緒に鍋に入れて火にかける。皮が実から外れるまで5分ほど煮たら、皮を汁も清潔な保存瓶に入れて脱気（P.48参照）する。

●保存期間　冷暗所で約半年

火がとおると、自然と皮が外れてきます

巨峰の焼酎漬け

ワインのような芳香に、きっと驚くはず。
数種類のぶどうを混ぜても楽しいですね。

材料（つくりやすい分量）
巨峰 …… 650g
焼酎（35度） …… 900mℓ

つくり方
巨峰はよく洗い、清潔な容器に皮ごと入れて上から焼酎を注ぐ。

◎飲みごろ　1カ月後から
◎保存期間　約1年

スチューベンのジュース

ぶどうのおいしさを、ぎゅっと凝縮。
私は水割り、ソーダ割りがお気に入りです。

材料(つくりやすい分量)

スチューベン …… 1kg
砂糖 …… 150g
レモン汁 …… ½個分

つくり方

1 スチューベンは房から外して水洗いする。鍋に入れて火にかけ、めん棒などでつぶしながら20分ほど煮る。

2 1をさらしの布袋に入れ、ボウルなどの上に吊るしてジュースを落とす。

3 2を鍋に入れ、砂糖を加えて加熱したら、レモン汁を加え、清潔な瓶に入れてでき上がり。

●保存期間　冷蔵庫で10日ほど

ざくろ

柘榴：ミソハギ科。ペルシア地方を中心に原生。日本には中国を経て平安時代に伝わったとされる。
カリウムやビタミン類、アントシアニンなど幅広い栄養素で注目されている。

ざくろの、なんとも魅惑的な色と形が好き。
青いうちから花びんに活けて、季節を楽しんでいます。
秋になり、真っ赤に熟した実が割れてきたら、
喜んで実を食べますが、その数はほんの少し。
一粒ひとつぶ、いとおしむように集めて、まずはシロップから仕込みましょう。

ざくろの砂糖煮

いわゆる「グレナデンシロップ」。
ハッとするほどの赤を、愛でるように楽しみます。

材料（つくりやすい分量）
ざくろ …… 500g（正味）
砂糖 …… 500g
レモン汁 …… ½個

つくり方
ざくろの実と砂糖を鍋に入れ、レモン汁をかけて煮る。全体が赤くなり、砂糖が溶けてなじんだらでき上がり。

◎保存期間　冷蔵庫で約1カ月

加熱とともに、鮮やかな赤色が染み出してきます

ざくろの酢漬け

美容に健康にと注目されているざくろ酢。
手づくりでも簡単につくれます。

材料（つくりやすい分量）

ざくろ …… 150g（正味）
酢 …… 150mℓ

つくり方

清潔な保存瓶にざくろの実を入れ、酢を注いで漬け込む。

●飲みごろ　10日後から
●保存期間　冷蔵庫で約1カ月

ガーデンハックルベリー

ナス科。熟した実は豊富な栄養素を含むが、未熟果には毒性があるため食さないこと。

ハックルベリージャム

目にうれしいアントシアニンはブルーベリーの5〜7倍とも。
煮たときの紫色には、何度見ても驚かされます。

材料(つくりやすい分量)

ガーデンハックルベリー …… 400g
砂糖 …… 150g
レモン汁 …… 小さじ1

つくり方

1 ガーデンハックルベリーはへたを取り、水洗いする。
2 鍋に1と、全体が浸る程度の水を入れ火にかける。沸騰したらざるにあげて湯を捨てる。
3 2に砂糖を入れ、中火で20〜30分、水分がほどよく抜けるまでアクを取り除きながら煮る。
4 仕上げにレモン汁を入れてから火を止めてでき上がり。瓶詰めをして脱気(P.48参照)する。

●保存期間　冷暗所で約1年程度

あけび

木通：アケビ科。つる性の落葉植物。原野、土手、河原、雑木林など平地から標高1500メートル近くまで広く分布する。秋に実る果実は果肉だけでなく、皮も油炒めなどで食べられる。

わが家の小さな庭でも、
季節ごとにいくつかの木の実がなります。
なかでも毎年豊作なのが、あけび。
20年ほど前に植えた苗が、
今では方々につるを伸ばしています。
「もう少し、もう少し」と
夢中になる収穫の楽しさは、
お転婆だった子ども時代から変わりません。

あけびのリキュール

あけびの甘味だけで、甘いお酒に。
時間とともに色も味も深まります。

材料（つくりやすい分量）

あけび …… 1kg
焼酎 …… 1ℓ

つくり方

あけびは洗って水けをふき取り、皮ごと保存瓶に入れる。上から焼酎を注ぎ、冷暗所で保存する。

●飲みごろ　3カ月後から
●保存期間　冷暗所で約1年

あけびの葛粉汁

とろりと上品な味わいの葛粉汁。
おなかにまでじんわり染みわたります。

材料(2人分)
あけび …… 小10個程度
葛粉 …… 大さじ1
はちみつ …… 大さじ1
水 …… 200mℓ

つくり方
1 あけびは実を生のまますくってガーゼで裏ごしし、種を取り除く。
2 鍋に1のあけびと葛粉、はちみつ、水を入れて火にかける。中火でとろみが出るまで練ったらでき上がり。

かりん

花梨：バラ科。原産は中国で、平安時代以前に渡来したとされる。
生食には向かないが、特有の芳香が魅力。

かりんペースト

焼酎漬けやシロップ漬けは定番ですが、
この食べ方もお気に入り。ジャムのように使えます。

材料（つくりやすい分量）

かりん …… 200g
はちみつ …… 50mℓ

つくり方

かりんはよく洗って皮ごとすりおろす。はちみつを加えて練り、清潔な瓶に詰めて脱気（P.48参照）する。

◘保存期間　約半年

栗

ブナ科。北半球の温暖帯に約12種が分布。日本では京都の丹波地方で平安時代から栽培が盛んになったとされる。
栗の栄養価は高く、渋皮には抗酸化作用のあるタンニンも多く含まれる。

信州の山々が赤や黄色に色づくころ。
木の下に集まって、栗拾いをするのは
子ども時代の秋の仕事でした。
正月のお重にも必ず栗が入るのは、
「繰り回しよく（暮らしがうまく回るように）」
との願いからとか。
たしかに、硬い皮に詰まった実には、
元気の源がぎゅっと詰まっているように感じます。

焼き栗

じっくり焼いた香りもごちそう
パリッとした渋皮ごといただきます。

材料

栗 …… 適量

つくり方

ゆでて鬼皮をむいた栗を熱したフライパンに並べて、こげ目がつくまで焼く。

栗ペースト

ゆで栗をつくるのが楽しみになるペースト。
パンケーキなどに添えるのも美味です。

材料（つくりやすい分量）
ゆで栗 …… 正味350g＋適量（飾り用）
水 …… 200mℓ
牛乳 …… 300mℓ
はちみつ …… 大さじ2

つくり方
1 ゆで栗をつくる。洗って汚れを落とした栗をまるごと鍋に入れ、たっぷりの水で40分ほどゆでる。粗熱がとれたら引き上げて皮をむく。
2 1を350gと水、牛乳、はちみつを入れてミキサーにかけ、なめらかになるまで攪拌する。
3 2を鍋に入れ、弱火にかけてふつふつとしたら火を止めて粗熱をとる。そのまま盛り付けていただくほか、1で余ったゆで栗を添えても。

つくりおきは冷蔵で約5日間保存可能

栗づつみ

濃いめの緑茶といただきたい一品。
中心のゆで栗は、市販の甘栗に替えても。

材料(6個分)

ゆで栗 …… 正味350g
砂糖 …… 250g
ゆで栗(皮をむいたもの) …… 6粒

つくり方

1 ゆで栗をつくる。洗って汚れを落とした栗をまるごと鍋に入れ、たっぷりの水で40分ほどゆでる。粗熱がとれたら引き上げて皮をむく。
2 1を350gすり鉢で潰して鍋に入れ、弱火にかけて砂糖を加えたら全体がなじむまでスプーンで練る。
3 1で余ったゆで栗を2で包んででき上がり。

胸を打たれるような紅葉とともにやってくるぎんなんの季節。
その景色を前にすると「ああ、もうすぐ冬になる」と
覚悟にも似た感慨が押し寄せます。
まるでリスになったように栗、くるみと、ぎんなんをたくさん抱えて、
健やかに冬を越したいものです。

ぎんなん

銀杏：イチョウ科。中国原産の落葉高木。雌雄異株で、果実が実るのは雌木のみ。

ぎんなんのふきよせ

シンプルな調理ですが、見た目は華やか。
秋を感じる美しいひと皿になります。

材料（3人分）

ぎんなん …… 10粒
れんこん …… 5cm
にんじん …… 5cm
にんにく …… 2片
塩 …… 適量
揚げ油 …… 適量

つくり方

ぎんなんは殻をむく。それ以外の材料はすべて薄切りにして170℃の油で素揚げし、薄く塩をしたらでき上がり。

柿

カキノキ科。東アジアが原産。
渋柿と甘柿に大別され、品種数は１０００にも達するといわれる。

渋柿の切り干し

吊るすほどの量がないときなどは、この方法で。
手軽に干し柿が楽しめます。

材料

渋柿 …… 適量

つくり方

渋柿の皮をむき、輪切りまたは小さめのくし形切りにして大きめの盆ざるの上に並べる。天日で1週間程度干してカラカラになったらでき上がり。

柿酢

渋柿だけでつくる、シンプルなお酢。
日ごとに発酵し、うま味が増していきます。

材料

渋柿 …… 適量

つくり方

1 洗って水けをきった渋柿はへたを取り、へた側を下にして清潔な容器に並べて詰めていく。

2 1を密封しないよう和紙などでふたをし、直射日光の当たらない温かな場所に置いておく。

3 2～3日で果汁の液が出はじめ、1カ月後にたっぷりとたまってくる。液が酸っぱくなりはじめたら、もめんの袋などに入れてこし、液だけを保存瓶に詰める。

洋梨

バラ科。ヨーロッパ原生種を基本種とし、有史以前から栽培されてきたとされる。収穫後7〜20日間の追熟が必要。

洋梨のオーブン焼き、ハックルベリージャムがけ

肉料理にも合う洋梨の仲間は、
焼くことで甘味も引き出され、リッチな味わいに。

材料（３人分）

洋梨 …… 2個

ハックルベリージャム※ …… 適量

つくり方

1 洋梨はよく洗い、4つに切る。

2 200℃に予熱しておいたオーブンに1を入れ、15分ほど焼いたら皿に盛ってハックルベリージャムを好みの量かけていただく。

※ハックルベリージャムのつくり方はP.59を参照。あんずジャム（P.13）やいちごソース（P.44）に替えてもおいしい

洋梨のコンポート

旬の見極めが難しい洋梨を、
コンポートでいつでもおいしく。

材料（３人分）
洋梨 …… 2個
水 …… 200mℓ
砂糖 …… 大さじ2

つくり方
洋梨はよく洗って皮をむき、半分に切って鍋に入れる。水と砂糖を入れて火にかけ、竹串がすっと通るまで煮たらでき上がり。

キウイフルーツ

畑で育つキウイフルーツよりも
山に生える野生種の「さるなし」のほうが、
私にとっては
子どものころからなじみの深い存在。
「あの小さな実が、
こんなに大きくなって」と、
いまでも不思議な感覚です。
デザートとしてだけでなく、料理にも
合うのがこの木の実の大きな魅力。
酸味のひとつととらえ、
自由に発想をふくらませましょう。

彌猴桃：マタタビ科。中国の中南部原産、雌雄異株の落葉つる性木本植物。ニュージーランドで品種改良が進み、国鳥「キウイ」に似ていることから名がつけられた。

キウイととら豆のみつ豆

ぜひ、豆から煮ていただきたいレシピ。
煮汁でつくった寒天とキウイの酸味がよく合います。

材料（3人分）

キウイフルーツ …… 1個
とら豆煮※ …… 80g

◆寒天
豆の煮汁（あれば）…… 200mℓ
粉寒天 …… 1g

つくり方

1 寒天をつくる。豆の煮汁（または水200mℓと砂糖大さじ2）に粉寒天を混ぜて溶かし、冷蔵庫で冷やし固める。

2 角切りにしたキウイフルーツととら豆を器に盛り、同じく角切りにした寒天を加えて混ぜ合わせる。豆の煮汁または好みのシロップをかけてでき上がり。

※とら豆煮

材料とつくり方（つくりやすい分量）

1 乾燥したとら豆300gは洗って500mℓの水に塩大さじ1を加えてひと晩浸水させる。

2 1の水けをきって鍋に入れ、たっぷりの水を加えて火にかける。沸騰してから4分ほど煮る。

3 2の水を捨てて再びたっぷりと水を加えて火にかける。沸騰したら砂糖150gを3回に分けて加え、ふっくらとやわらかくなるまで弱火で煮る。煮上がったらそのまま半日ほどおくと豆に甘味がよく入る。

キウイの酒粕シャーベット

酒粕の香りがキウイと合わさってさわやかに。凍らせず、スムージーでもおいしくいただけます。

材料(つくりやすい分量)

キウイフルーツ …… 1個
酒粕 …… 50g
豆乳 …… 200mℓ
砂糖 …… 大さじ2

つくり方

1 キウイフルーツは洗って皮をむき、適当な大きさにカットする。残りの材料とともに器に入れてなめらかになるまでブレンダーにかける。

2 1を容器に移し、冷凍庫に入れる。

3 2時間後に一度フォークで全体をかき混ぜ、ひと晩おく。翌朝もう一度空気を入れるようにかき混ぜてから器に盛り付け、上に角切りにしたキウイフルーツ(分量外)をのせる。

キウイのワインスープ、モッツアレラチーズに添えて

さわやかなワインスープでつくるおもてなしの一品。こしょうをしっかりきかせるのがポイントです。

材料(つくりやすい分量)

キウイフルーツ …… 1個
白ワイン …… 50mℓ
塩 …… ひとつまみ
モッツアレラチーズ …… 1個
粗挽きこしょう …… 適量

つくり方

1 キウイフルーツは皮をむいて好みの大きさに切り、小鍋に入れてワインを注いで火にかける。

2 沸騰しキウイに火が入ったら塩を加える。

3 スライスしたモッツアレラチーズと2を皿に盛り、上から粗挽きこしょうをふっていただく。

キウイのグリーンサラダ

キウイの酸味を生かし、ドレッシングはレモン抜き。
薬物類は、少し香りのあるものを加えましょう。

材料（3人分）
キウイ …… 1個
クレソン …… 2束
三つ葉 …… 1束
粗挽きこしょう …… 適量
◆A
塩 …… 小さじ1/3
酢 …… 大さじ1
水 …… 大さじ1
菜種油 …… 大さじ1

つくり方
洗って皮をむき、ひと口大に切ったキウイフルーツに好みの葉物類を合わせ、混ぜ合わせておいたAを回しかけ、こしょうをふる。

かやの実

榧：イチイ科。雌雄異株の常緑樹で、緑色の果肉のなかに食用となる種が入っている。

かやの実ロースト

「和製アーモンド」の愛称にふさわしい香ばしさ。
はちみつをからめていただくのもおすすめです。

材料

かやの実（アク抜き済み）
……適量

つくり方

熱したフライパンにかやの実を広げ、香りが立つまでから炒りしていただく。

ドライフルーツのラム酒漬け

**信州で豊富に手に入るドライフルーツで毎年仕込む「ラム酒漬け」。
ひと手間で簡単にでき、手づくりならではの仕上がりに毎年感動しています。
おつまみにデザートにお菓子づくりにとお役立てください。**

材料(つくりやすい分量)
ぶどう、プルーン、りんごなど好みのドライフルーツ …… 500g
ラム酒 …… 500㎖

つくり方
1 ドライフルーツをボウルに入れ、沸騰した湯（分量外）を全体が浸る程度に注ぎ、しばらくおいて油分を取る。
2 ざるにあげてからふきんで水けをふき取った1を保存容器に入れ、ラム酒を注ぐ。

◘食べごろ　2週間後から
◘保存期間　約1年

木の実をめぐる話 ❸

「むべなるかな」、むべ。

子どものころは、外遊びが大好きなお転婆。野山を駆け回り、四季折々の木の実をめざとく見つけては楽しんでいた私ですが、それでもいまなお、知らなかった「食べられる木の実」のことを教えていただくことがあります。

たとえばこの「むべ」。外見も味もあけびによく似ているけど、それより小ぶりで、熟しても実が割れることはありません。あけびと異なり、常緑性であることから「トキワアケビ（常盤木通）」との別名も。あけびのような苦味はなく、独特の香りにとろけるような食感、濃い甘味。数年前にいただいたとき、気に入って種を庭にまいたところ、力強く芽吹いてくれました。

ちなみに、「むべ」という不思議な響きの名の由来は、天智天皇が不老長寿といわれるこの実を味わい「むべなるかな（（健康の源とは）そのようなものだなあ）」といったことから、との伝説があるそう。やっぱり木の実のパワーはさすが。こんなふうに、さまざまな伝説や神話とも縁が深いことも、私が「木の実」にひかれる理由かもしれません。

むべ　野木瓜、郁子ともに「むべ」と読む。アケビ科。常緑のつる性植物で、日本の暖地や台湾の山地、朝鮮半島南部や中国暖地に分布。

冬

くるみ
りんご
なつめ
かぼす
ゆず
レモン
きんかん
ハスの実
サンシュユ

くるみ

胡桃：クルミ科。北半球を中心に約20種類が分布。日本ではオニグルミとヒメグルミが自生しており、栽培は長野県を中心に行われている。

昔、叔父がもつ山にはくるみ林があり、
自然のヤマグルミが
毎年山のように実りました。
たたいてほじって、
夢中で食べていた子ども時代のおやつは、
いま思えばただおなかを満たしていただけでなく、
オメガ3脂肪酸やポリフェノール、
ビタミン類など大切な栄養を補い、
私を育んでくれていたのですね。

くるみのおはぎ

くるみの香ばしさと、カリッとした食感が醍醐味です。

材料（16個分）
もち米 …… 2合
むきくるみ …… 150g
こしあん …… 240g

下準備
くるみはフライパンで香りが立つまでから炒りしておく。

つくり方
1 もち米は洗ってよく水けをきり、炊飯器に入れて420mℓの水を加えてひと晩おく。
2 1のもち米を水を替えずにそのまま炊く（※）。炊き上がったらすり鉢で半つきにして16等分し、こしあんを中に入れて丸める。
3 2に細かくきざんだくるみをまぶす。

※洗って水けをきった米を、少なめの水に浸して炊くのがポイント。この水分量とつくり方を守れば、おはぎがおいしく仕上がります。

くるみのリキュール

時を経るほどに味わいが深まって。
ウイスキーを思わせるおいしさに育ちます。

材料(つくりやすい分量)

くるみ …… 800g

焼酎 …… 1.2ℓ

つくり方

1 くるみは殻付きのまま洗い、水けをふき取る。

2 1をフライパンでから炒りする。こげ目がつくまで炒めて口が開いたら新聞紙の上にあけ、かなづちで半分に割る。

3 保存瓶に2を入れ、焼酎を注ぐ。

●飲みごろ　3カ月後から

●保存期間　約1年

くるみのしょうゆがらめ

田作りの要領でつくる一品。
つい手が伸びるお茶うけになります。

材料(つくりやすい分量)

むきぐるみ …… 100g
砂糖 …… 大さじ1
酒 …… 大さじ1
しょうゆ …… 大さじ1

下準備

くるみはフライパンでから炒りしておく。

つくり方

1 フライパンに砂糖、酒、しょうゆを入れて火にかけ、ふつふつとしてきたらくるみを加えてざっと全体を混ぜ合わせる。
2 1をクッキングシートに広げ、冷ましてからいただく。

くるみバター

濃厚な味わいはまさに「バター」。
トーストにもよく合います。

材料(つくりやすい分量)

むきぐるみ(から炒りしたもの) …… 75g
砂糖 …… 大さじ2
豆乳 …… 50mℓ
塩 …… 小さじ¼

つくり方

すべての材料をブレンダーにかけてなめらかにする。もちやパンなどにつけていただく。

くるみバターは清潔な容器に入れ、
冷蔵庫で2週間程度保存可能

りんご

林檎：バラ科。栽培の歴史は8000年以上前に遡るともいわれ、改良され生まれた品種は1万5000種以上を数える。収穫期も品種により8月から12月中旬ごろまでと幅広い。

信州を代表する「木の実」といえば、りんご。
かつてはお盆に「祝」という
品種の青りんごを仏壇に供えると
「ああ、いよいよりんごの季節だ」と心躍ったものです。
一年を通して、身の回りに蓄えておきたいりんごは、
当然、多く買いすぎて、
時とともに味がボケてしまうことも。
そんなとき、ひとつ、ふたつと
私のノートにはレシピが増えていきました。

紅玉りんごのプリザーブ

紅玉の皮の赤さを生かしたジャム。
カレーや肉料理の隠し味にも役立ちます。

材料(つくりやすい分量)

紅玉 …… 3個
はちみつ …… 大さじ4

つくり方

1 紅玉は洗って芯を取り、ひと口大のうす切りにする。
2 1を鍋に入れ、水をひたひたになるまで注ぎ、はちみつを入れて火にかける。汁けがなくなるまで煮詰める。

●保存期間：冷蔵庫で1週間

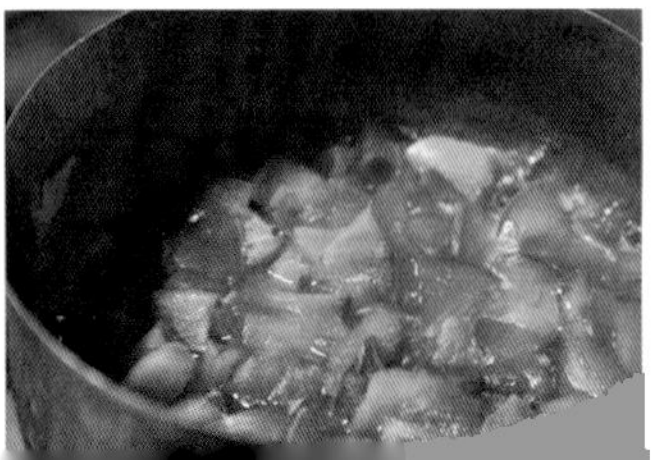

クレープの蒸しりんごペースト添え

**蒸したりんごのなめらかさと、ほどよい酸味が
しっとりとしたクレープ生地によく合います。**

材料(つくりやすい分量)

◆蒸しりんごペースト
りんご …… 適量
◆クレープ生地
薄力粉 …… 100g
砂糖 …… 25g
卵 …… 1個
豆乳 …… 300mℓ
塩 …… 少々
シナモン …… 適宜(お好みで)

つくり方

1 蒸しりんごペーストをつくる。芯を取り、皮をむいて7分ほど蒸したりんごを、ブレンダーにかける。
2 クレープ生地をつくる。ボウルにクレープ生地の材料を入れ、よく混ぜる。
3 フライパンに油適量(分量外)を熱し、一度濡れふきんにおいて熱を下げてから2をおたまですくい入れ、薄く焼いて皿にとる。
4 3にたっぷりと蒸しりんごペーストをのせ、好みでシナモンをふりかけてでき上がり。

りんごのバターソテー

りんごにバターのコクをプラス。
少し強めにこがすのがポイントです。

材料(つくりやすい分量)

りんご …… 1個
バター …… 10g
砂糖 …… 大さじ1

つくり方

1 りんごは皮ごとよく洗い、1cm角に切る。
2 フライパンにバターを入れて溶かし、1を加えてソテーする。全体に火がとおったら砂糖をまぶしてからめ、でき上がり。

りんごの甘酒あえ

しっとりとした蒸しりんごの
甘味と香りが甘酒になじみます。

材料（2人分）
りんご …… ½個
甘酒※ …… 適量

つくり方
1 りんごは洗って二つ割りにし、芯をくり抜いておく。
2 1を蒸し器でやわらかくなるまで7分ほど蒸したら、ひと口大にカットして甘酒とあえてでき上がり。

※甘酒のレシピはP.20を参照

蒸しりんごの豆乳カッテージチーズ添え

意外と見過ごされがちな、「蒸しりんご」のおいしさ。
少し傷んだものや味がぼけたものは、この食べ方で。

材料（2人分）
りんご …… 1個
◆豆乳カッテージチーズ
　豆乳 …… 200mℓ
　レモン汁 …… 大さじ1
はちみつ …… 適量

つくり方
1 豆乳は小鍋に入れて中弱火にかけ、沸騰直前にレモン汁を入れて火を止める。
2 コーヒーフィルターまたは清潔なさらしに1を注ぎ、水けをきる。
3 りんごは洗って二つ割りにし、芯をくり抜いたら蒸し器で7分ほど蒸す。
4 3を皿に盛り付け、2とはちみつをかけたらでき上がり。

ひめりんごのりんご酢漬け

クローブとシナモン、2種のスパイスの力で、ひと味違うサワードリンクが楽しめます。

材料（つくりやすい分量）

ひめりんご …… 12個
りんご酢 …… 800mℓ
クローブ …… 小さじ1
シナモンスティック …… 1本

つくり方

ひめりんごはよく洗い、半分に切ったら清潔な容器に入れてりんご酢を注ぐ。クローブ、シナモンスティックを加えて漬け込む。

◉飲みごろ　1カ月後から
◉保存期間　約1年

ひめりんごのカルバドス風

憧れの蒸留酒・カルバドス。「りんごならばここにも」と信州の愛らしいひめりんごで仕込みました。

材料（つくりやすい分量）

ひめりんご …… 16個
焼酎 …… 1ℓ

つくり方

ひめりんごはよく洗い、清潔な容器に入れて焼酎を注ぐ。

◉飲みごろ　3カ月後から
◉保存期間　約1年

なつめ

棗：クロウメモドキ科。中国原産。果実は9月下旬から10月にかけて緑色から褐色へと熟す。見た目がよく似るデーツはヤシの仲間。

なつめの焼酎漬け

美容でも注目されているなつめ。
甘さを引き出すためには、天日干しが欠かせません。

材料（つくりやすい分量）

なつめ …… 500g
焼酎 …… 500mℓ

つくり方

洗って水けをとり、10日ほど天日で干してカラカラになったなつめを清潔な容器に入れる。焼酎を静かに注いでふたをする。

◎飲みごろ　3カ月後から
◎保存期間　約1年

かぼす

香母酢：ミカン科。
大分県の特産で、すだちと似ているがすだちよりもひと回り大きい。

あじのかぼす南蛮

スライスしたかぼすをたっぷり添えて
見た目も味も、パッと華やかに。

材料（2人分）
あじ …… 2尾
パプリカ …… 1個
油 …… 大さじ1
薄力粉 …… 適量
かぼす …… 3個
薄口しょうゆ …… 大さじ1

1 あじは三枚におろし、塩少々（分量外）をふっておく。
2 1の両面に薄力粉をまぶしたら、フライパンに油を熱して両面を焼く。フライパンの端でへたと種を除いてくし形切りにしたパプリカも同時に焼く。
3 あじとパプリカに火がとおったら、火を止めてかぼすの薄切り2個分を加えてざっと混ぜる。
4 器に盛り、かぼすのしぼり汁1個分と薄口しょうゆを回しかけてでき上がり。

ゆず

柚子：ミカン科。中国揚子上流域が原産地とされ、栽培の歴史も古い。初秋に出回るものを青ゆず、晩秋から出回るものを黄ゆずと呼ぶ。

ゆずがま

私のお正月の定番。南信州の郷土料理は、
焼いた味噌の香ばしさとゆずの酸味が好相性。

材料（2人分）

ゆず …… 2個
味噌 …… 40g
長ねぎ …… 5cm 程度
砂糖 …… 大さじ1
煮干し …… 4本

つくり方

1 ゆずは上から¼くらいのところで切り、スプーンで中身をくり抜く。上部も捨てずにとっておく。長ねぎはみじん切りにする。

2 味噌、長ねぎ、砂糖を混ぜ合わせて1の中に入れ、煮干しをそれぞれ2本ずつ刺す。

3 天板に2を並べ、200℃に予熱したオーブンで13分焼く。皿に盛り付け、ゆずの上部を添える。

手づくりゆずポン酢

肉に魚にも、野菜の蒸しものにも合う万能調味料。
ゆず以外の柑橘で味の違いも楽しめます。

材料（つくりやすい分量）
ゆずのしぼり汁 …… 80mℓ
しょうゆ …… 大さじ1
みりん …… 大さじ1
昆布 …… 3cm角

つくり方
1 ゆずは半分に切ってから清潔な容器にしっかり果汁をしぼっておく。
2 1にしょうゆとみりん、昆布を加えてひと晩おいたらでき上がり。

◎保存期間　冷蔵庫で2週間

ゆずジャム

弱火でコトコト煮込むジャム。
私は薪ストーブの上で煮るのがお決まりです。

材料（つくりやすい分量）

ゆず …… 700g
砂糖 …… 450g
水 …… 400mℓ

つくり方

1 ゆずは皮をよく洗い、半分に切って種を取り、皮ごと薄切りにする。
2 鍋に水と1を入れ、やわらかくなるまで煮る。
3 2に砂糖を2、3回に分けて加え煮る。全体がぽったりとして水っぽさが残る程度のところで火を止める。
4 清潔な瓶に詰め、脱気（P.48参照）する。

◘保存期間　約1年

ゆずのはちみつ漬け

そのまま食べたり、パンやヨーグルトにのせたり。
炭酸やお湯割りのドリンクもおいしい。

材料（つくりやすい分量）

ゆず …… 2個
はちみつ …… 1カップ

つくり方

ゆずはよく洗って皮ごとスライスし、種を取り除いたら清潔な容器に入れてはちみつを注ぎふたをする。

◘食べごろ　翌日から
◘保存期間　冷蔵庫で2週間

ゆずのハンドローション

しばらく漬けおくと、ペクチンが効果を発揮。とろとろのハンドローションができ上がります。

材料（つくりやすい分量）
ゆずの種 …… 30g
焼酎（35度以上のもの） …… 100mℓ

つくり方
軽く洗って水けをふき取ったゆずの種を清潔な容器に入れ、焼酎を静かに注ぐ。

※初めは少量から試し、肌に合わない場合はすぐに使用を中止してください。

◎使い始め　1カ月後から
◎保存期間　約1年

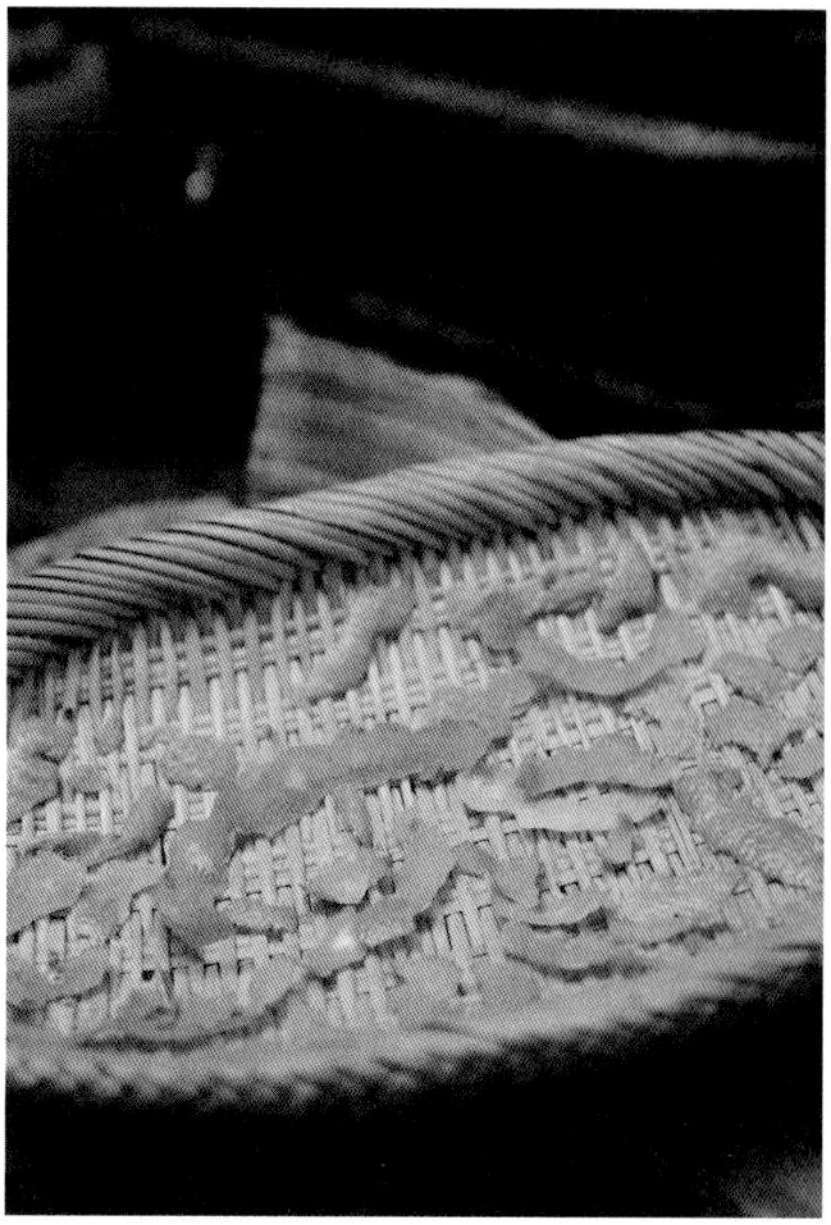

ゆずの陳皮風

日の光で風味を凝縮。細かくして七味に加えるほか、野菜のもみ漬けの風味付けなどに重宝します。

材料
ゆずの皮 …… 適量

つくり方
ゆずはよく洗い、ピーラーで皮をむいて盆ざるに広げ、天日にさらしてカリッとするまで干す。

レモン

檸檬：ミカン科。香りと酸味を楽しむ「香酸柑橘」の代表的存在。
メイヤーレモンはレモンとオレンジの自然交配種とされる。

メイヤーレモンゼリー

南信州から届いた、やわらかな酸味のレモン。
果実の魅力をまるごと楽しむゼリーです。

材料（3個分）

メイヤーレモン …… 3個
はちみつ …… 大さじ1
レモン汁 …… 大さじ2
水 …… 150mℓ
アガー※ …… 小さじ1

※粉寒天でも代用可能

つくり方

1 メイヤーレモンは横にして上部を切り落とし、中身を取り出す。上部はとっておく。
2 鍋に水とアガーを入れて火にかけ、煮溶かす。
3 2に1のレモン果汁とはちみつを加え混ぜたら、1のレモンの器に流し入れて冷やし固める。

レモンとりんごの重ね漬け

相性のよいふたつの木の実を重ねて。
ドリンクにしたり、トーストにのせたりしても。

材料(つくりやすい分量)

りんご …… 1個
レモン …… 1個
はちみつ …… 大さじ3

つくり方

りんご、レモンをそれぞれ薄切りにして器に重ね入れ、はちみつを回しかけてひと晩おく。

●食べごろ　翌日から
●保存期間　冷蔵庫で2〜3日

きんかん

金柑：ミカン科。中国原産の柑橘類のひとつ。皮ごと食べられる特徴をもち、近年は生で食べられる完熟のものが人気。ビタミンPやカルシウム、ビタミンEを含む。

きんかんは、
信州で実る数少ない柑橘のひとつ。
正月のお重にはきんかん煮で
色を添えるのが定番です。
かつては苦味が強く、
アク抜きが欠かせませんでしたが、
近年のものは甘く、食べやすくなったよう。
これに合わせ、私のレシピもシンプルに
取り組みやすく変化してきました。

きんかんのはちみつ煮

はちみつの香りと甘味が
きんかんの風味をさらに引き立てます。

材料（つくりやすい分量）

きんかん …… 200g
はちみつ …… 大さじ3

つくり方

1 きんかんは洗ってへたを取り、水けをふき取ってスライスする。

2 1を鍋に入れ、はちみつをかけてしばらくおき、水分が出てきたら弱火にかけて5分程度煮たらでき上がり。

◎保存期間　冷蔵庫で約1カ月

きんかんのはちみつ煮入りオニオンサラダ

玉ねぎときんかん、食感の違いも楽しい。
ハムは手づくりを使いましたが、市販品でも代用可能です。

材料（２人分）
玉ねぎ …… ½個
手づくりハム※ …… 5枚
きんかんのはちみつ煮（P.102）
……5、6個
パセリ（粗くきざむ） …… 適量
◆A
酢 …… 大さじ1
はちみつ煮シロップ …… 大さじ3
塩 …… 少々
菜種油 …… 小さじ1

つくり方
ボウルなどにスライスして水にさらした玉ねぎ、ひと口大に切ったハム、きんかんのはちみつ煮を入れ、混ぜ合わせておいたAであえる。器に盛り、仕上げにパセリをちらす。

※手づくりハム

材料とつくり方（つくりやすい分量）
豚肩ロースのかたまり肉400gに塩大さじ１をすり込み、ひと晩おく。翌日、天板に網を置き200℃に熱したオーブンで30分焼く。粗熱が取れたら薄切りにしていただく。冷蔵庫で1週間ほど保存可能。

きんかんのリキュール

ほんのり甘く、さわやかな果実酒。
小さなグラスに入れて、食前酒にどうぞ。

材料（つくりやすい分量）
きんかん …… 500g
焼酎（35度） …… 800mℓ
はちみつ …… 大さじ3

つくり方
きんかんは洗ってへたを取り、皮に斜めに3本切り込みを入れる。清潔な保存瓶に入れ、焼酎とはちみつを加えてふたをする。

●飲みごろ　3カ月後から
●保存期間　冷暗所で約1年

きんかんの酒煮

コロンと愛らしいかたちを生かした酒煮。
焼き魚の付け合わせやお重の一品に。

材料(つくりやすい分量)
きんかん …… 300g
酒 …… 300mℓ
砂糖 …… 大さじ3

つくり方
1 きんかんは洗ってへたを取り、皮に斜めに3本切り込みを入れる。
2 鍋に1を入れ、酒と砂糖を加えて弱火で煮る。きんかんに火がとおり、ぽったりとやわらかくなったらでき上がり。

●保存期間　冷蔵庫で約2週間

ハスの実

蓮：ハス科。中国から渡来した多年性の水草。食用部分は種子の子葉で、でんぷんを多く含む。

ハスの実ごはん

アジアの街角で出合った、お気に入りの味。
もち米で炊くのもおすすめです。

材料（３人分）

米 …… 2合
ハスの実 …… 20g
塩 …… 小さじ

つくり方

1 ハスの実はひと晩ひたひたの水に浸してやわらかくもどす。

2 1を鍋に入れ、重量の3倍量の水（分量外）でゆでる。

3 米を洗い、炊飯器に入れて通常量の水を注いだら、2のハスの実と塩を加えて炊く。

サンシュユ

山茱萸：ミズキ科。グミに似た実をたくさんつけることから「アキサンゴ」とも呼ばれる。

サンシュユのリキュール漬け

漬ければ薬酒になるというサンシュユ。
少しの量でも、色と香りが楽しめます。

材料(つくりやすい分量)

サンシュユ …… 130g
焼酎 …… 200mℓ

つくり方

サンシュユはよく洗い、清潔な瓶に入れて焼酎を注ぐ。

- 飲みごろ　1カ月後から
- 保存期間　約1年

横山さんの おすすめ調味料

「おいしい木の実料理は、よい調味料選びから」。
昔ながらの仕込みを大切にした、シンプルな素材のものが横山さんのお気に入りです。

小池の強い糀

「木曽で145年の歴史を誇る小池糀店による、『米の内部まで菌が元気な糀』。たしかにとても安定して発酵してくれるように思います」
問◆小池糀店
0264-22-2409

本格米焼酎
ここ一番35%【果実酒用】

「昔ながらの常圧蒸留機で蒸留し、米の風味が生きた本格焼酎。私の焼酎漬けは、もうずっとこちらを使っています」
問◆白扇酒造
0120-873-976

てんさいのお砂糖

「北海道産のてんさいを原料にした、きめ細かい砂糖です。『寒い土地の人は、寒い土地の砂糖を』とのアドバイスから、近年こちらを試しています」
問◆大東製糖
043-302-3108

低温圧搾生搾り
Extra Virgin NATANE Oil

「長野県佐久市にて自家栽培の菜種を自家搾油した菜種油。若い生産者たちの真摯な仕事ぶりに魅せられ愛用中です」
問◆ゆいま～る搾油工房（自然農園ゆいま～る）
https://naturalfarmyuimarl.stores.jp/

藻塩

乾燥させ、発酵させた海藻「ホンダワラ」に海水をかけて塩をつくる「古代製塩法」でつくられた塩。「塩はいのちの源。各地の製法を調べ、こちらにたどりつきました」
問◆中浜観光物産
0254-77-2714

国産有機純米酢

「国産有機栽培の米だけを原料に、広島県尾道市で製造されたこのお酢は、『お酢好き』な私のイチオシ。純米酢らしい香りとうま味が素晴らしいんです」
問◆純正食品マルシマ
0848-20-2506

天然醸造　杉桶醤油

「小豆島の会社がつくる、杉桶仕込みのしょうゆは、国産丸大豆、国産小麦、天日塩のシンプルな原料もうれしい点です」
問◆純正食品マルシマ
0848-20-2506

福来純　伝統製法熟成本みりん

「仕込みは90日、熟成には約3年をかけて育まれるそう。本物のみりんは、そのまま飲んでもおいしい。うま味が違います」
問◆白扇酒造
0120-873-976

信州「木の実」に出合える直売所

産地の果実や、めずらしい木の実を漬けてみたくなったらこちらへ。
横山さんのなじみの直売所は、どこも個性豊かで確かな品ぞろえです。

■ 道の駅おがわ　さんさん市場

「春には山菜が豊富。地元産のくるみや大豆、
栗などを求めるときにも助けられています」
長野県上水内郡小川村高府2415-1
026-269-3582

■ 道の駅　花の駅　千曲川

「野沢菜の名産地。くるみやりんごなどを求めに
行きます。食事もおいしく、1日楽しめます」
長野県飯山市常盤7425
0269-62-1815

■ 道の駅　長野市大岡特産センター

「山深い場所にあり、さるなしやむべなど、
めずらしい木の実との出合いがいつも楽しみです」
長野県長野市大岡甲5275-1
026-266-2888

■ JA中野市　農産物産館　オランチェ

「信州のフルーツ王国といえば中野市。信州で
とれるたいていの果実はここで手に入ります」
長野県中野市草間1543-5
0269-23-5595

■ nagano forest village 森の駅 Daizahoushi

「標高の高い場所にあるからか、季節の進みが少し
遅い印象。旬を逃しそうなときに頼りになります」
長野県長野市上ヶ屋2471-608
026-239-3272

おわりに

近くの山々が、裸木から厚い緑の衣をまとい大きくふくれあがるころ、里山や庭先では小さな木の実が実をつけはじめます。田植えグミからすぐり（グズベリー）、梅、あんず、桑の実と続きます。

花は、とても小さくささやかで主張のないものが多く、見逃しがち。幼いころからの記憶で花に誘われずとも、「あそこにグミが」「ここにすぐり」と、私のおやつ場所は明確です。

昔から、熟した果実より、カリカリとした歯ごたえの酸味の強いものが好みで、あんずなどは、木に登り、上でもぎとってはかじり、歯ぐきの感覚がなくなるほど食べました。いま思うと、おなかも壊さず、ビタミンの補給をしていたのでしょう。雪降る日々は漬け上がった実と果実酒を楽しみながら、いろいろな「木の実」の本を見つめて春を待ちました。

これほどに好きな木の実を一冊にまとめていただきました。新しい木の実が採れるたびに駆けつけて写真に収めてくれた山浦剛典さん、娘のような編集ライターの玉木美企子さん、デザイナーの縄田智子さん、扶桑社の田村久美さん、感謝いたします。

横山タカ子
料理研究家。
長野県大町市生まれ、長野市在住。
保存食を中心とした長野の食文化を研究すべく、
各地でレシピや保存法の聞き取りを長年重ねている。
健康長寿県として知られる信州の郷土料理や行事食には、
体を健やかに保つ知恵が生きていることを知り、
家庭料理としてアレンジしたレシピを広く紹介している。
地元の農作物を広める活動にも尽力。
趣味は暮らし、とする大の着物好きで、
四季を感じるしつらいや、縫い、染めなど
手仕事のセンスにも定評がある。
著書は、『信州四季暮らし』『私の梅仕事』（ともに扶桑社）など多数。

構成・文　玉木美企子
撮影　山浦剛典
ブックデザイン　縄田智子（L'espace）
校正　共同制作社
編集　田村久美

参考文献

料理材料大図鑑 Marché（講談社エディトリアル）
食べられる 木の実 草の実（信濃毎日新聞社）
採って食べる　山菜・木の実（信濃毎日新聞社）
おいしく食べる〜山菜と木の実・草の実〜（信濃毎日新聞社）

四季を味わう

私の「木の実」料理

発行日　2024年6月12日　初版第1刷発行

著者　横山タカ子
発行者　小池英彦
発行所　株式会社 扶桑社
〒105-8070　東京都港区海岸1-2-20　汐留ビルディング
TEL 03-5843-8583（編集）
TEL 03-5843-8143（メールセンター）
www.fusosha.co.jp
印刷・製本　大日本印刷株式会社

掲載されているデータは、2024年5月21日現在のものです。

ISBN978-4-594-09728-8